그의 음성을 들으며

그의 음성을 들으며

≋ 글샘

신앙과 문학이 맞물린 눈부신 성과

(사)한국문인협회 이사장
이광복 소설가

재작년 정초 신종 코로나바이러스 감염증(코로나19)이 발생한 이래 많은 사람들이 큰 어려움을 겪고 있습니다. 하지만 머지않아 이 역병으로부터 벗어나 행복한 일상으로 복귀하게 되리라 믿습니다.

이 힘든 시대에 성결교회 교단 소속 예성문학회 회원들이 주옥같은 작품을 모아 첫 공동시집을 발간합니다. 잘 아시다시피 예성문학회에는 용혜원 목사님을 비롯하여 빛나는 시인들이 대거 동참하고 있습니다. 신앙으로 뭉친 시인들의 뜻깊은 공동시집 발간을 축하합니다. 이 공동시집은 예성문학회 회원들의 신앙과 문학이 맞물린 눈부신 성과입니다. 따라서 이 공동시집이 독자들로부터 큰 사랑을 받으리라 확신합니다.

예성문학회의 무궁한 발전과 회원 여러분의 건승을 기원합니다. 감사합니다.

추천사

예수교대한성결교회
총회장 이상문 목사

　문학은 삶의 경험과 상상을 언어로 표현할 수 있는 폭넓은 공간이며, 문학에서 무엇보다도 중요한 것은 정신적인 자유로움이라고 생각합니다. 따라서 그러한 자유로움 속에 쉴 수 있는 공간과 삶의 활력을 불어넣는 것이 바로 문학이 사람들에게 주는 중요한 역할이 아닌가 생각해 봅니다.

　특히 문학의 영역에서 가장 오래된 역사를 가진 양식인 시(詩)는 바쁘고 각박한 세상을 살아가는 우리들에게 삶을 돌이켜 볼 수 있는 차 한잔의 여유처럼 느껴지는 따뜻한 매력이 있습니다.

　영혼의 거울이라고 말하는 성경 시편도 다양한 삶속에서 배출되는 감정의 심연을 하나님을 향해 나타내고 있습니다. 저는 우리 예성 문학회 역시 하나님을 향한 신앙과 성결교회의 영성을 바탕으로 세상 사람들에게 복음을 소개하고 알리는 또 하나의 도구가 되길 원합니다. 이번 예성문학회의 첫 공동시집 발간을 축하드리며, 평소에 시를 사랑하는 분들과 이 글을 읽는 모든 분들에게 본 시집을 추천합니다. 감사합니다.

추 천 사

성결대학교 총장
김상식

　주님의 음성이 시의 제목들만 봐도 들리는듯합니다. 시는 단순한 이야기가 아니라 긴 생사화복의 삶이요, 인생을 함축하고 표현하고 많은 감성을 표출하므로 생생함이 깃들어 있습니다. 또 아름다운 언어로 절규의 언어로 깊은 내면을 전달하기도 합니다. 어찌보면 시는 가장 잘 함축된 사람의 마음이기도 합니다. 시는 희로애락을 느끼게 하므로 아름다운 선물과도 같습니다. 다윗은 하나님과 동행하며 모든 역경을 이겨나갔습니다. 그리고 그의 생사화복을 절절한 시로 남겼습니다.

　우리는 시를 통해 하나님을 향한 그의 사랑과 신뢰를 하나님과의 교제를 들여다보며 많은 교훈을 얻습니다. 예성문학회가 그리스도 예수님의 사랑과 복음을 세상을 향해 외치며 나아가는 축복의 통로가 되기를 바랍니다.

　예성문학회 첫 시집 발간을 축하드리며, 시를 통해 잠시 바쁜 일상을 접고 여유로움을 갖기를 바라며 이 시집을 추천합니다. 감사합니다.

공동시집을 출간하면서

크리스챤들은 시가서 즉 시편을 비롯하여 잠언서와 전도아가서 욥기서를 즐겨 읽습니다. 그것은 주는 영감이 특별하기 때문입니다. 사람이 쓴 글은 두 번을 읽는 게 어렵지만 성경에 있는 시가서를 여러 번 읽을 수 있는 것은 영적인 수준이 다르기 때문일 것입니다.

우리 교단에서 처음으로 소속 문인들의 공동시집을 발간하게 되었습니다. 더 많은 분들이 참여되지 않아 아쉬울 뿐입니다. 시는 영감으로 쓰여지게 되는데 설교 후에 못다한 내용과 목회자의 시각에서 바라보는 관찰력으로 시를 짓습니다. 바르고 건강한 영감으로 지성과 감성, 그리고 이성으로 작품 하나를 만들어 가는 고도의 작업이기도 합니다.

시의 목표는 감동을 주기 위해서입니다. 독자들의 이야기를 대신 옮겨서 함께 공감하는 자리에까지 다가가지 못하면 살아 있는 작품이 아닙니다. 마치 예배에서 설교가 마음을 움직이지 않으면 그 시간이 매우 지루한 것과도 같습니다. 그러므로 작가는 항상 맑은 정신력으로 깨어 있어야만 영적 안테나에 영감으로 다가오는 여러 신호들을 감지하여 글로 옮길 능력이 생깁니다. 이것을 쓰는 방법에 따라 수필과 시가 됩니다. 작품 하나를 감상하여 응어리가 해결되는 촉매제 역할도 합니다. 설교 한편을 들으면 모든 것이 해결되는 것과도 같습니다. 문학작품 한편을 읽으면 설교

문을 만들 재료를 확보할 수 있습니다. 또한 설교를 듣고서도 여러 작품을 만들 수도 있습니다. 문학이 주는 영역이기도 합니다. 어느 분야에 영향을 주지 않는 문학은 없습니다. 어떤 상황과 현실에 있든 문학작품은 새롭게 태어나게 하는 신비로움이 있습니다. 마치 어느 곳에서든지 하나님의 은총을 체험하는 것과도 같습니다.

엘리자베스 여왕은 세익스피어를 "인도와도 바꾸지 않겠다"고 했는데 그의 높은 문학적 가치를 알았기 때문입니다. 우리 민족에게 큰 영향을 준 시인들은 많지만 그 중에 윤동주, 박목월, 황금찬 선생의 작품들은 시대를 관찰하여 국민적 사랑을 받은 것은 메마른 국민의 가슴에 단비와 같은 영향을 주었듯이 우리의 작품들도 진리에 이르는 영혼의 마당에 머물면 좋겠습니다.

이번 공동시집을 위하여 동참하신 작가 목사님들에게 감사를 드립니다. 더 많은 분들의 참여로 아름다우신 주님의 세계를 널리 알리겠다는 도전력으로 주옥같은 작품들로 하나님께 영광 돌려지기를 앙망합니다. 감사합니다.

2022년 4년 10일
예성문학회 회장
김보현 목사

목차

제경사

김민섭

김보현

용혜원 시인

1992년 문학과 의식으로 시인 등단
2006년 한국경제신문 한국강사협회 명강사 38호
한국 문인협회 회원
한국기독교 문인협회 이사
현재 유머 자신감 연구원 원장
저서 용혜원 대표 명시 등 206권

짐

이 세상 살고 있는 것들은
짐을 만들지 않고
짐 때문에 고생하지 않는다

인간만이 짐을 만들고 스스로 짐을 지고
다른 동물들에게 짐을 지워
힘쓰고 다니며 고통스럽게 만든다
인간은 움직일 때마다 짐을 갖고 다니지만

동물들은 아무 짐도 없이
홀가분하게 마음껏 돌아다닌다

죽어서도 동물들은 자연스럽게
풍장으로 자연으로 돌아가지만
인간만이 무덤을 만들고
잔인하게 태우는 화장을 한다

세상에서 가장 큰 소리치고
가장 대단한 삶을 사는 것처럼 잘 난 척 해도
인간은 스스로 고통스럽게
죽을 때 가져가지도 못하는
수많은 짐을 만들며 살고 있다

달의 숨바꼭질

넓고 높은 밤하늘 떠있는 달이
짝도 없이 홀로 떠있기
아주 심심한 모양이다

어느 날 부터인가 보름달이 슬슬
상현달 반달 초승달 하현달
그믐달로 변해가면서
혼자서 숨바꼭질을 시작했다

나도 심심해서
보름달과 숨바꼭질 같이 하자고
손 흔들며 말해도
전혀 못들은 척
아무 말도 하지 않는다

바다의 마음

바다는 어떤 마음을 갖고 있을까
넓고 깊은 마음을 가졌다

바다의 넉넉한 마음에
몸집이 큰 고래부터 아주 작은 멸치까지
바다에서 자유를 누리며 살 수 있다

바다는 누가 찾아와도
환영하고 반기며 품속에서 살 수 있도록
마음껏 배려하여 주고 있다

헤엄 속도가 느린 거북이부터
춤추듯 유영하는 돌고래까지
쉼터와 놀이터와 안식처가 되어준다

바다에는 수많은 것들
조개, 소라, 해삼, 멍게, 전복, 해파리,
오징어, 꼴뚜기, 참치, 고등어, 갈치, 방어, 상어,
고래, 민어, 꼼장어, 다금발이, 뱅어돔, 광어, 도미 등등
수많은 물고기와 바다 생물들이
바다의 깊고 넓은 마음속에서 살고 있다

국화 꽃 피면

가을이 오는 길
넓은 들판에
국화 꽃 홀로 외롭게 피면
쓸쓸함에 고독도 꽃이 핀다

가을에는
왠지 혼자 있고 싶어지고
고독이 자꾸 친구가 된다

국화 꽃 향기에 젖어
한 잔의 커피를 마시면
그리움이 온몸에 가득하다

가을이 오는 길
국화 꽃 홀로 외롭게 피고
고독도 꽃이 피면
보고픔에 견딜 수 없어
그대를 만나러 가야겠다

철새

철새는 홀가분하게 몸만 가지고
푸른 하늘을 한 없이 날개 저으며
계절 여행을 떠난다

소유가 없으니 마음 편하게
약속의 땅 기다리고 있는 땅으로
혼자가 아닌 무리가 되어
떠나는 여행이라 외롭지 않다

멀고 먼 거리지만 무리가 하나 되어
앞서거니 뒤서거니
서로 교대하며 힘을 내어 날아간다

이 얼마나 멋진 일인가
세상을 내려다 볼 수 있는
하늘을 자유롭게 날 수 있다는 것

가진 것이 아무 것도 없어도
홀가분하게 떠나는 여행
이 얼마나 편안하고 좋은가

하늘을 자유롭게 날며 여행을 떠나는
철새는 세상을 편하게 사는 방법을
오래 전부터 전수받아 터득하여 알고 있다

조문

친구가 세상을 떠났다는
부고를 받고 서둘러서
발길을 재촉하여
대학 병원 영안실로 조문을 갔다

슬픔이 몰아쳐서 달려갔는데
영정 사진 속에 친구는 나를 보고
반갑다고 웃는다

세상에 태어나
나들이 온 것처럼 늘 즐겁게 살더니
싫증이 나서 하늘나라로 주소지를
일찍 옮겨서 기분이 좋은 모양이다

갑작스런 죽음 소식에
가슴이 아팠는데
떠난 줄 알았던 친구가
아직도 내 가슴에 남아있다

" 친구야!
언제 한 번 시간 내서 만나자
우리 커피 한 잔 해야지!"

사소한 것들

우리는 작고 사소한 것들도
아주 중요하다는 것을 알아야 한다

눈짓 하나, 손가락질 하나, 말 한 마디,
발길 하나, 웃음 하나, 친절 하나가
얼마나 놀라운 일들을
우리의 삶 속에서 만드는지 알아야 한다

작은 행동 하나가
때로는 한 사람의 운명까지
바꾸어 놓을 수 있다

아주 작고 사소해 보이는
작은 나눔, 작은 사랑, 작은 배려부터
실천하여 나가는 것이다

숫자놀이

인생은 숫자놀이다

흘러가는 세월 속에
만나면 나이를 서로 묻는 것도
숫자놀이다

키가 얼마냐 몸무게 얼마냐
허리둘레는 얼마냐 숫자놀이다

삶의 살고 있는 아파트 평수를 말하는 것도
아파트 높이를 말하는 것도 숫자 놀이다

연봉이 얼마 월급이 얼마
말하는 것도 숫자 놀이다

결혼식도 하객이 얼마나 오고
축의금이 얼마나 계산하는 것도
숫자 놀이다

숫자 놀이에 계산 빠른 사람들이
부자가 되고 숫자에 욕심 없는
사람들은 주어진 인생 평범하게 산다

인생은 숫자 놀이에서 떠날 수 없어
평생 동안 숫자놀이하다
죽음이 찾아오면 맞이한다

장례를 치루고 나면
조의금을 계산하는 것도 숫자놀이다

거미줄

거미가 곡예를 하듯 쳐놓은
먹이 사슬 거미줄에
정신없이 날아다니던 곤충이 걸려든다

별 것 아닌 줄 알다가
빠져나가려고 살려고
몸부림을 치지만
이미 사망의 그물에 걸려들었다

멀찌감치 숨어서 살펴보던
거미가 쏜살같이 달려와서
걸려든 먹이를
통째로 거미줄 다시 감아
먹이로 삼아버린다

인간 세상 도처에도
보이지 않는 거미줄이 있다

어렸을 때는

어렸을 때는
세상 잘 몰라 어리숙하고 부족해
어른이 되면 잘 살 줄 알았다

시간이 흐르고
세월이 흘러 젊은이가 되었을 때
세상과 맞부딪치며 이겨내려고
몸부림치며 살았지만
세상은 살면 살수록 알다가도
모를 것이 많았다

나이가 들어 얼굴이 주름이 생기고
머리가 하얗게 잔설이 내렸는데
아직도 복잡다단한 세상 속에서
때로는 외인처럼 살고 있다

삶의 순간순간마다

삶의 순간순간마다 너무나 좋고 아름다워
마치 영화의 한 장면
한 장 그림처럼 느껴질 때가 있다

보고만 있어도 아름다워서
한동안 발걸음을 멈추고 서서
보고 싶을 때가 있다

흐르는 강물, 물이 떨어지는 폭포,
눈이 와서 만든 하얀 산들의 풍경
단풍이 붉게 물든 산들이 아름답다

멋진 카페에서 밀려오는 파도를 보며
커피를 마실 때 케이블카를 타고
산과 호수와 폭포를 바라볼 때 아름답다

여행을 하다가
더 이상 가지 않아도 좋을 것 같은
아주 멋진 풍경을 만날 때도
해외에서 독특한 이국적인 풍경을 만날 때도
비워 두었던 마음에 그려두고 싶다

우리가 만나는 아름다운 풍경이 많아야
추억 속에도 아름다움이 남는다

사람답게 살고 싶다

내 몸 안에 살고 있는 짐승이
수많은 욕심을 부릴 때로 부려
세상 것을 더 많이 갖고 싶어
물불을 안 가리고 몸부림치고 싶어 한다

내 몸 안에 짐승이 독한 술에 빠지고 싶어하고
욕망에 불타 시도 때도 없이
온갖 불륜을 떠올리며 저지르고 싶어 한다

내 몸 안에 살고 있는 악마는
남을 조롱하고 비웃고 비난하여 쓰러뜨리고
넘어뜨리고 싶어 생난리를 치려고 한다

내가 사람답게 사람 냄새나게 살고 싶다면
내 안에 살기를 원하는 짐승과 악마와
하루 속이 결별을 해야 한다

이 세상에 살면서 상처받는 일이 얼마나
고통스러운 일인데
나 때문에 상처받아 아파하는 것보다
서로 함께 하고 서로 같이 하고
서로 감동 받아 행복하고 기뻐하는 사람이
많을수록 좋다

내 안에 짐승과 악마를 내쫓고
진정한 나를 찾아
사람답게 사람냄새 나게 살고 싶다

옷 벗은 나무

봄이면 나무들은 초록의 옷을 입고 꽃을 피운다
왜 나무는 추운 겨울이 다가오는
늦가을에 옷을 벗을까

헐벗은 몸으로 추운 겨울을 이겨내야
봄을 신나게 맞이하나보다

겨울 내내 맨몸이던 나무는
여름 내내 초록의 찬란함을
몸으로 실감하며 서있다

나무는 여름 내내 태양의 열기를
나무속에 꼭 채워 넣는다

나무는 갈증을 이기려고 비가 올 때마다
물기를 빨아들여 촉촉하게 채운다

월동 준비한 나무는
한 겨울 추위에도 모진 바람이 불어도 끄떡없이 잘 자란다

이동 속도

사람들의 움직임이 하루하루
달라지는 것을 느낄 정도로 매우 빨라졌다

하루 종일 걸려야 오던 길을
몇 시간이면 갔다 오는 세상이 되었다

걸어서 살 던 세상이 자전거 오토바이
자동차로 바뀌더니
기차가 고속철로 변하고
전 세계로 날아가는 비행기 등으로
점점 속도감이 빠르게 변했다

세상만 빠르게 변한 줄 알았더니
내 인생은 종착역을 향하여
더 빠르게 나가왔다

밥벌이

평생 동안 밥벌이를 할 수 있는 것도
복 받은 일이다

밥벌이가 안 되면
사람 구실도 못하고
허구한 날 아무 면목 없이
얼마나 슬프고 고통스러운 일인가

밥벌이 할 일이 없으면
근심과 걱정이 떠나지 않고
고통과 절망이 가득하여
모든 것이 꼴사납게 싫어진다

밥벌이를 해야 사람대접을 받고
사람답게 살아갈 수 있다

이 세상에 태어나 사람답게 살아가려면
밥벌이를 잘 해야만 한다

별

넓고 넓은 밤하늘에
햇빛 조각들이 남아
밤이면 별이 되어 빛나며 웃고 있다

밤하늘에 수많은 별들은
어둡다 불평하지 않고
너무 높다 말하지 않고
구석자리라 마다하지 않고
찬란하게 빛나고 있다

청춘

흘러가는 세월처럼
청춘도 찾아왔다 지나간다

누구나 만나는 가슴 뜨거운 청춘이지만
우리에게 찾아온 청춘은
너무나 고귀하고 소중한 시간이다

이 아름다운 시절
이 꿈이 가득한 시절
우리는 어떻게 보낼 것인가

청춘의 가슴에 가득한
뜨거운 사랑과 열정으로
내일을 향하여 꿈과 희망을 펼쳐 나가자

하늘도 넓고 세상도 넓지만
우리의 청춘의 시절을 펼쳐나가면
그 어떤 것도 두렵지 않다

어서 가자 어서 가자 청춘들아
우리의 청춘이 떠나기 전에
꿈과 희망을 이루기 위하여
끝없이 도전하며 앞으로 나가자

봄이 왔다

봄이 왔다
눈보라 휘몰아치고 고드름이 꽁꽁 어는
엄동설한에는 영영 안 올 것 같았던
봄이 다시 찾아왔다

봄의 손길 발길이
봄의 모습을 만들기에 바쁘다

산 속에 숨어있던 눈마저 녹이고
강의 모습을 살려내고
꽃을 피우고 새싹을 틔우고
초록 잎을 만들고 온종일 분주하다

봄소식을 알리려고
곳곳에 민들레를 부른다

봄이 왔다
꽃들이 웃고 새싹들이 힘차게 합창하고
온 세상이 신바람이 났다

이 좋은 봄날에
내 마음에도 사랑의 꽃이
활짝 피었으면 좋겠다

삶의 비탈길

삶의 비탈길 오르내릴 때
절망하고 포기하고 싶었던
날이 날마다 계속되어
아침에 눈 뜨기가 싫었다

꼭 이렇게 살아야 하나
어떻게 버티고
어떻게 벗어날 수는 없을까

삶의 비탈길에서
때로는 너무 힘들어
차라리 모든 것을 접고 싶었다

이 고통이 언제 끝나나
이 절망이 언제 끝나나
힘들고 지쳐서 가슴에 멍이 가득했다

삶의 비탈길에서
수많은 날들을 눈물로 보내며
이겨내고 견딜 수 있었던 것은
희망이 있고 사랑의 힘이 있었다

때 맞춰 내리는 봄비

겨우 내내 기다리던 봄비가
때 맞춰 내리면
외 진 곳에 남아있던
겨울마저 녹아 흘러간다

봄비가 내리면
봄을 기다리는 마음이
촉촉하게 젖는다

봄비가 내리고 그치고 나면
온 세상이 봄 풍경으로 바뀐다

때 맞춰 내리는 봄비에
온 세상이 소동이라도 난 듯
이곳저곳이 야단법석이다

땅에서는 새싹이 돋아나고
나뭇가지에는 초록 잎이 돋고
온 세상에 봄꽃들이 피어나기 시작한다

不老 장종용

포근한교회 담임목사
동방문학으로 등단
월간 『성결』 편집장
여성권리회복운동가
필리핀 사중복음교회 설립자

조작[造作]

세상은
편집의 조화를 통해 흘러가는가?

사실의 실체가
묻혀져 침묵할 때
세상은 평화가 오는가?

숨겨진 진실을 외치는 자
드러난 현실을 정의로 외치는 자

그 사이에서
꾸준히 조작되어
거짓이 세상에 드리워질 때

들려지는 것
보여지는 것
느껴지는 것들로 혼란을 초래하고

그 틈새로
보이게 하려는
지적 주입과 세뇌가
현실의 진리로 둔갑한다.

한 길로

세월에 따라
세상은 바뀌고
사람도 변하고
습관은 진화한다.

동안(童顔)이 노안(老顏)으로
시력도 노안(老眼)으로
미각도 잃어져가고
후각도 변변찮다

들리는가
오래 전 들었던 소리
날 살렸던 소리
청각마저 상실되었나?

나와 삶이 바꾸어지고
다 잃고 변했어도
항상 같아야 할 것
예수 그리고 내 글의 정신.

환상과 현실 그리고 비젼

무지개 환상의 그림을 그리며
백마 탄 왕자님과
백설 공주 된 자신과
멋지고 달콤한 사랑을 나누는 것
그것은 환상이다.

별로 특별하지 않고
누구나 갖춘 외모
그저 그런 사람끼리 만나
때론 웃음이 때론 큰 소리로
그렇게 사는 것은 현실이다.

비록 그럴지라도
초가삼간일지언정 집 마련의 꿈
나보다 조금 모자란 이웃에게
베풀 아량이 있고
늙었을 때 그래도 당신뿐이었다는
그런 기대감이 비젼이다.

인생은?

인생은 정리다
하나씩 변화하는 시간이다
종종대는 발걸음이다
만남과 이별이다
고로 웃음과 눈물이다.
옛것을 추구하며
원래를 꿈꾸는 것이다
드라마다.
원색적인 것으로의 회귀이다
떠나는 것이다.
안개이기도 하고
바람이기도하며
나그네 손님이며
항상 제 자리가 아닌 곳을 탐내는 것.

삶의 중독

억울하고 비통하다
언제부터인가
차이고 치이고
무시당하고
잘못한 아이같이
매일의 혼남이다

찾을 길은 있는데
갈 길이 없어
열심히 달리기만 한다.
끝은 있지만 끝이 없는
반복의 시간들
계속되는 상황들

한 언덕 넘으니
더 높은 고개만 기다리고
평지는 보이는데
내 발은 험산에 있다.
잃어져 버려
홀로 서 있는
나의 기다림이 불안하다

슬프고 외롭지 않아도
서러움이 사라질까
통탄이 숨을까
조용히 지나감과
중단된 달음질이
험골에서 나온다는 것이

꿈을 꾸나
꿈은 꿈일 뿐이다.
현실은 늘 그렇지 않다
님은 알지만 난 반복뿐이다.
진정한 당신을 통해
벗어나길

여느 여인의 삶

후~ 하는 깊은 한 숨
땅 꺼질 듯 몰아치는 파장
쉴틈 없이 쏟아지는 파편에
숨길 곳 없는 몸뚱아리

막아도 빈틈 비집고
꾸역꾸역 파고드는 날선 칼날
심장이 영혼이 떨어져
상처 투성 피 범벅된 몰골

삼키고 또 삼켜 삭임의 발버둥
지킨다는 일념과 결단의 각오
피눈물도 무용지물 되어
엉기성기 비쩍 마른 나뭇가지

때 되면 새싹 돋우리라
희망의 끈 부여잡고
생명 붙어 있는 한 일어서리라
이생 안되면 내생에라도

지탱하는 이유

맘이 많이 아프다
몸도 아프다
어디가 어떻게 아픈지
나도 모르게 온 몸이 아프다

흔들린다
머리가 감정과 영혼이 심하게
가슴이 꿈틀댐이
육체에 지진이 이나보다

갈라지고 부셔지고
부러지고 찢겨지고
괴성과 죽음의 그림자
아비귀환 현장이
내 가슴에서 일어난다

그래도
내게 님이 있어 안간힘써
날 향한 님의 작은 미소에
간간히 버티고 있다.

당신이 필요한 시점

꿈도 많았다네
포부도 거창했다네
언제 어디서 지워졌을까

무엇이든 할 수 있었는데
순간 할 줄 아는 게 없네
왜 사라졌을까

할 수 있을까
잘하는 것이 무엇이지
자신감도 없어졌네

공허감만 자리하고
좌절감만 커지니
포기와 낙심만 남네

지속되는 무의미한 삶
당신이 내게
진정 필요한 시점.

망부석

만남의 설레임
가슴에 담아
저 멀리
수평선 바라보니
세상 환히 비출
님의 얼굴
아스런히 떠오르면
당장에라도
내게 다가올 듯
두 팔 벌린
내 품에 안길 듯
방긋 웃으며
미소로 응답하듯
강한 빛으로
날 뜨겁게 하나
여전히
기약의 날만 손꼽네
젖은 눈망울만 흐르고
몸은 굳어져
움직일 수 없다네.

회전목마

사랑을 갈구하는 목마름
님 찾아 떠나는 목마
평생 등에 앉혀 업으리라

나의 사랑
어디서 날 기다리나
내 찾고 있음을 알기는 할까

우물 안 개구리처럼
열려진 갇힘 속에
아무리 돌아도 그저 그 자리

돌다 지쳐 쓰러져도
내일이 밝으면 또 돌겠지
돌고 도는 사랑 찾는 목마

해바라기

그대 바라보다
너무 목이 아파
잠시 고개 숙여
만날 날 손꼽아 보네
눈부신 당신만

바라보다
당신의 눈빛에
부끄러워
숙여진 고개

님 보낸 벌 사신
살포시 다가앉아
소곤히 귓가에
님의 소식 전할 때
내 심장 한없이 뛰었네

님의 전령
빈 손 보낼수 없어
가슴열어 품은 꿀 내주고
얼굴 붉히며
고개만 또 수그리네

도구되게 하소서!

꿈을 꾼다
아주 멋진 꿈을
내가 내가 아니길
내가 나의 것이 결코 아니길

가야 할 길이 쉽지 않다
삶의 짐도 많지만
날 원하여 쓰시고자 하는
당신의 감동이
또 다른 하나의 길을 제시하고

그래서
한쪽엔 나의 짐을
다른 한 쪽엔 당신의 짐을
내 두 어깨에 메었다

그저 달리다 보면
한 산을 넘을 것이고
그렇게 달리다 보면
당신이 기뻐하실
멋진 작품이 되겠지

봄비

손꼽아 기다리네
나를 충분히 적셔줄 당신을

메말라 갈기갈기 찢겨져
희망을 꿈 꿀 수 없는데

당신은 지체하기만 할 뿐
좀체 다가오지 않더니

기다림에 지쳐 쓰러져 갈 즈음
오늘에야 날 적셔주네

내 갈증을 해결해 주니
내 뭐라 말할까

고맙다.
정말 고맙고 사랑한다.

부활의 아침

누가 죽였나
무슨 죄가 있어 죽어야 했는가
인간의 욕심이 죽여야만 채워지나
죽이고도 모자라 더 큰 거짓 남발하나

가면 쓰고 서 있으면
짓밟고 영광 누리면
자리 지켜 군림하고 있으면
아부와 아첨에 귀 막고 살면

당신은 치욕의 수치를 겪어 보았나
찢어진 육체의 고통을 아는가
갈기갈기 찢겨진 영혼의 고통이 어떨지
지옥의 경험을 가졌나

그러든지 말든지 내가 원한 자리면
체면과 지위만 지켜진다면
나를 우러른 사람들의 환호만 있다면
이 땅에서 현재의 보장만이 최고인데

당신이 죽였으니 승리자 되었군
이제 더 이상 방해자 없겠네
누구든 걸리면 다 이리될 거니까
그럼에도 죽은 자가 죽지 않았다네.

삼손과 들릴라

사랑과 배신
매달림의 최후
쾌락주의자
그리고
유혹의 귀재

레인보우

신종 드라큘라

정치인
경제인
기생충
그리고 너.

민들레야

날아라
훨훨
그곳이 어디든
네 가고픈 곳까지

쉬어라
날다 힘들면
원한 곳 아니라도
다시 날 때를 기다리며

참아라
고통이 시간을
짓밟혀 뭉그러져도
네 진가를 숨기고

주어라
널 원하는 자들에게
너의 참 가치를
숭고한 인내의 결실을

넌 나에게

내가 나로 존재하는 것은
네가 내게 있기 때문이네
있으나 없었던 내게
소리 없이 다가온 네가
없었던 나를 일깨웠네

난 너에게 어떤 존재일까
네가 나를 어떻게 보든지
어떻게 생각하든지
아무렴 어떤가
네가 내게 있으면 그만이지

사람들은 이렇게 말 한다네
내가 있어야 세상이 있고
이웃도 있다고
그러나 난 네가 있어
존재할 뿐이라네

넌 내게 빛이고
넌 내게 희망이며
넌 나에게 노래고
넌 나에게 넌 나에게
나 자신이야

최경자

동방문학을 통해서 등단
베쇼라교회 담임
베쇼라선교회 대표
저서『예수님과 함께하는 하늘나라 이야기』
찬양곡 '사랑의 주' 외 7곡 작곡
시화집『흔적』 -작시

언제나 그 자리에

주님 언제나
그 자리에 계셨지요
주님 언제나
손 내밀고 계셨지요

찬란한 빛이 비추는 곳에서도
어둠이 머무는 곳에서도
언제나 동행해 주신 주님

손 내밀 때
손 잡아주셨고
목마를 때
생명수 주셨고

배고플 때
귀한 열매 주셨고
지쳤을 때
안식처 주셨지요

주님 기억합니다
주님 사랑합니다

주님의 사랑을 사랑을 기억합니다

보좌 앞 찬양

만물이 소생하네
만물이 춤을추네

찬양의 향기
보좌 앞에서 불꽃이되네

마음에 기쁨이 충만하네
마음에 사랑이 충만하네

주님의 자녀들
아름다운 형상으로
찬양의 춤을추네

찬양으로 채워지는 주의 보좌
아름다운 향기 피어오르네

만물을 지으신 하나님

우주 속에 우주 여시고
하늘 속에 하늘 여시고
만물을 지으신
하나님을 찬양합니다

광활한 우주를 바라봅니다
주님은 그곳에 계십니다

밤하늘의 별들을 바라봅니다
주님은 무수한 시간속에 계십니다

폭풍아 불지어라
바람아 불지어라

모두 잠잠하여라
모두 숨을 죽여라

우리의 왕 만왕의 왕
나아가신다

우주여 침묵 할지어다
별들아 침묵 할지어다

우리 주 나아가신다

주께 경배 하여라

가시 면류관

짓눌린 가시의 흔적
아픔이 되어 흐르네
슬픔이 되어 흐르네

고통의 아우성
귓가를 맴도네

그날의 흔적 위에
우리는 또 다른
흔적을 남기네

얼었던 마음 아픈 마음
슬픔의 배가 되어
고통의 아픔을 이기네

완전한 사랑 십자가

십자가

주의 고난의 십자가
우리의 십자가 되네

삶의 무게의 십자가

십자가 십자가
사랑이라 하네

십자가 앞에서
작아지는 나를 발견하네

나는
주님의 십자가를 바라보네

나의 십자가를 바라보네

주님의 눈물

주님 눈물 흘리시네
커다란 눈물 흩뿌리네

사랑의 눈물
생명의 눈물
주님 뿌리고 가시네

주님의 눈물
사랑이어라
소망이어라
기쁨이어라

주님 발길 옮기시네
주님 가시는 발걸음

나의 마음은
주님 발걸음 속에 묻히네

생명나무

화려한 빛의
반짝임으로 다가오네

빛속에 드러난
화려한 자태로 인사하네

투명한 방어막안에
향기로운 열매 맺혔네

긍휼의 열매
사랑의 열매

주님의 마음 담겨있네
주님의 사랑 담겨있네

우리는
주님께 나아가네

생명수 강가에서

주님의 사랑을 생각하네
주님의 마음을 생각하네

생명수가 흐르는 강가
주님을 찬양하네

하늘에서 꽃비가 내리네

평안이 강같이 흐르네
안식이 고요히 흐르네

주님의 눈동자에 머문
사랑 가득한 미소를 바라보네

영광이어라

주님 권능이라
주님 영광이라

권능의 아름다운 홀
우주를 감찰하시네
만물을 감찰하시네

땅이
주의 사랑으로 뒤덮히네
우주가
주의 신비로 뒤덮히네
권능이라 권능이라

권능의 빛 안에
감추인 주의 나라

영광이어라 영광이어라

주님의 사랑을 내 가슴에

빛과 같은 사랑을 주시네

아픔의 흔적도 없이
슬픔의 흔적도 없이
주님의 사랑을 주시네

주님의 마음에 품은 사랑
나의 마음에 옮기우네

사랑의 다이아몬드를
나의 가슴에 안네

주님 주시는 사랑을 붙잡네
나는 주님의 사랑안에 거하네

비파를 연주해

나는 비파를 연주하네

나의 목소리
천상을 향해 울려 퍼지네

나의 목소리
보좌 앞에 울려 퍼지네

나는 주님을 찬양하네
나는 비파를 연주하네

아름다운 비파소리
선율되어 천상에 울리어 퍼지네

높고높은 천상 위에서
나는 연주하며 찬양하네

주님의 포근함 안에서
나는 사랑의 찬가를 부르네

나의 눈물은 꽃잎이 되었다

찬양의 깊은 고요속에 빠진다
찬양의 아름다운 음률속에 잠긴다

나는 꿈속 같은
깊은 환상속에 휩싸인다

주님의 환한 웃음이 하늘 가득하다
주님의 웃음은 평안과 안식이다

주님의 웃는 얼굴을 바라본다
나의 웃는 얼굴에서 눈물방울이 떨어진다

나의 눈물방울은 꽃잎이 되어 흩날린다

주님은 나의 눈물 한 방울에
고난의 꽃잎을 피우셨다
나의 눈물 두 방울에
인내의 꽃잎을 피우셨다

그리고
나의 눈물 세 방울에

시간의 연착선에서
미소의 꽃잎을 수놓으셨다

나의 눈물은 꽃잎이 되어
주님안에서 아름다이
사랑빛 수를 놓는다

기도의 소리

간절한 기도의 소리
주님의 보좌 움직이네

소망의 기도의 소리
천사들의 날갯짓 바쁘게 하네

마음과 눈물과
탄식의 기도의 소리

주님 마음안에 기록되어
우리에게 흘러 넘치게 하네

울부짖는 기도의 소리도
아픔의 소리 슬픔의 소리

주님 안에서
새로운 기쁨으로 태어나네

주님의 마음안에
우리의 기도가 묻히어 있네

절경

우거진 숲속
아담한 호수가 펼쳐졌구나

물안개가 스물히 피어올라
산천을 감싸안으니
태고적 신비로움이 묻어나오는구나

푸른 물결에 하아얀 물결이
겹겹이 피어 춤을 추니
절경중의 절경이로구나

아하
좋구나 좋아

환상적인 아름다움을 품고
한가로이 노를 저으며
노는 이 누구인가

물안개가 피어오르는 이른아침
꿈같은 숲길에서
사랑하는 님과 함께
시 한수 나누며 노닐고 싶구나

스폰지 사랑

아픔과 고통과 통곡이 배가 되었고
나의 눈물이 그칠 줄 몰랐지요

나의 모든 환난과 눈물을
알고 계시고 기억해 주신 주님

아픔이 고통이 아니게
통곡이 눈물이 아니게
나를 포근함으로 감싸시는 주님

고난 가운데에서
주님의 얼굴을 바라봅니다
고통 가운데에서
주님의 미소를 바라봅니다

통곡 가운데에서
가시면류관 바라봅니다
눈물 가운데에서
십자가 바라봅니다

나를 포근히 감싸는
주님의 사랑을 오늘도 느낍니다

나의 모든 아픔을
스폰지처럼 가볍게 열어주신 주님

주님 마음속에 담긴 사랑으로
나는 평강을 노래합니다

망각의 강

밝은 햇살을 가득히 안고
투명한 빛을 머금은 날개에
나의 시선이 머문다

그 언젠가
꿈에서 본듯한 천사의 날갯짓이
망각의 강을 건너 나에게 다가온다

아름다운 두 날개 가득히
힘찬 날개짓으로 하늘을 드리웠었지

나는 망각의 강을 넘어
잠시 꿈속으로 들어간다

드높은 하아얀 하늘 아래
두 날개에 기대어 춤추던
눈이 큰 소녀를 생각한다

주님의 심령안에서 춤추고 노래하던
주님 바라기 소녀는 아직도 소녀로 남아
주님의 눈동자안에서 사랑의 춤을 춘다

나는 망각의 강을 뒤로하고
사랑스러운 곤줄박이새에게 시선을 둔다

평화가 숲속에서 불어온다
따스한 햇살이 하늘에서 비추인다

여운

낙옆이 우수수 떨어진 날
온몸을 불태워
상흔의 흔적을 남기었구나

얼었던 땅을 깨워
푸르게 싹을 틔우니
새들이 날아들고

봄 바람에
연분홍 꽃잎을 날리니
벌들이 날아드는구나

무더운 여름 풍성한 잎으로
그늘 한쪽을 내어주니
개미는 바쁘게 움직이고

깊어가는 가을
어여쁜 단풍잎을 흩날리더니
사람들을 우수에 젖게하는구나

이제 너는 앙상한 가지만을 남긴채
추운 겨울 따스한 봄날을 기다리며
긴 침묵의 잠을 자는구나

앙상한 가지가 남기운 여운에서
주님의 십자가 사랑을 보는듯하구나

바람이 멈추인 곳

겨울의 긴 장막을 깨우고
따스한 봄바람에
고개를 내밀었구나

햇살은 너에게 머금었고
바람은 너에게 멈추었구나

수줍은 향기 가득히 담아
분홍빛 미소로
들녘에 향기를 흩뿌리는구나

너의 피는 꽃잎은
소담한 아름다움을 담아
산새들을 깨우고
너의 어여쁜 수술들은
들녘의 풀들을 깨우는구나

나도 이봄 떠나고 싶다
산 바람이 부는 곳으로
들 바람이 부는 곳으로

바람이 머무른 곳에서
잠시 삶의 시간을 멈추고 싶구나

그리고 따스한 햇살을 붙잡은
봄 향기를 가득히 담고싶구나

생사고락의 꽃

부모님을 생각하니
잘한 것 보다 못한 마음이 앞서니
마음이 미어지는구나

어버이 날 낳으시고
기르셨으니 감사라

그 긴 인생길 자식 걱정에
뒤척이던 밤이 몇날이던가

슬픔이 몰려오니
더 이상 뵙지 못하는 부모님
마음 가득히 존재한
생전 부모님의 얼굴을 그려본다

인생은 피고지는 꽃이라

궁중에 핀 화려한 꽃일수도
도심에 핀 세련된 꽃일수도
시골 어귀에 핀 순박한 꽃일수도
들판에 핀 들꽃일수도

인생의 생사고락이 피고지니
어느 꽃이 아름답지않던가

다만 마음에 채우지 못한
효심으로 슬피우는구나

자카란다

청명하기 그지없는 맑은 하늘아래
보랏빛 꽃들이 가지마다 피었구나

미지의 아름다움이
하늘나라 천국을 품고 있는 듯이
환상적으로 다가오는구나

나는 꿈꾸는가
나는 바라보는가

황홀히 피고지는 꽃송이를 보며
창조주의 손끝 감각의
아름다움을 취하는구나

나는 몽환(夢幻)적인
아름다움을 간직한
보랏빛 꽃송이에
나의 눈길을 묻는구나

죽송 김민섭 목사

아시아문예 시인 등단
상록수문학회 중앙위원
한국목양문학회 회원
예성문학회 부회장
대한문학회 이사
아송문학회 회원
한국성결교회 문학선교회원
한국찬송가작가총연합 회원
한국크리스천문학가협회원
서울문화교회 담임

대나무

대지의 품속에서 두해 동안
잉태해 온 인고의 시간

작은 죽순 얼굴만 내밀고는
또 두해를 기다리는 투고의 여정

대지 속 연륜이 얼마나 컸던고
폭풍처럼 자라 하늘을 찌르는 기상

찬 세월 험한 폭풍 속에서도
휘일지언정 꺾이지 않는 곧은 절개

푯대를 향해 곧게 뻗은 염원은
오랜 연단이 맺은 소망의 열매

지고한 세월을 기다리며
큰 사랑을 일구워 온 대지의 꿈

그 사랑

엉겅퀴 가시로 둘러싼 마음
넝쿨채 품어주신 그 사랑
찌를수록 붉은 향기뿐이다

오만과 가증한 붉은 입술은
낮고 천한곳으로 오신 그 사랑
겸손의 사랑을 매어주셨다

조롱과 비난으로
얼룩지고 멍든 가슴엔
찢겨진 고통의 그 사랑 흐르고

온 몸이 찢겨 흘러내린 성혈
허물과 죄로 물든 얼굴위에
영원히 덮어주신 속죄의 그 사랑

봄의 소망

따스한 햇살에
대지는 숨을 고른다

찬바람 견뎌온 마른 가지에도
푸릇한 소망이 싹튼다

움튼 새싹들은
신의 사랑을 노래하고

움추렸던 들판은
소망이 피어 오른다

바위 밑 메말랐던 샘가에도
생명의 빛줄기 흐른다

짝사랑

외로운 목련화
임을 향한 기다림

온 하늘이
임의 얼굴

보기는 했어도
말 할수 없어서

수줍은 가슴에
그냥 넣어 두었다

가을의 기도

가을비 담은 여울물 소리가
천 갈래 눈물을 토해낸다

가을바람 잎 새 소리에
들녘의 서러움이 밀려온다

어두운 밤 홀로 선 소나무
달님 바라며 별빛에 젖는다

늦은 가을 들리는 신의 숨결
마른 가지에 생기를 부어주소서.

겨울 달빛

겨울밤에 뜨는 달빛
멍든 가슴 달래며
그리움은 하늘에 걸린다

하루는 가늘게
하루는 길게
하루는 더 높게

님 향한 그리운 달빛이
휘엉청 나뭇가지에
하얗게 쏟아지고 있다.

겨울 담쟁이

한 여름 푸르고 무성할 때는
돌담길 담벽들이
채색된 내 옷입고
안락한 줄 알았다

엄동설한 겨울바람에
벌거벗은 나를 보니
희끗한 담벽락 부여잡고
덩굴만이 쉬고 있다

바위 사랑

태고적 사랑이 그리워
바다 위로 솟구처 오른 바위병풍

하늘과 만난 바다물결은
바위사랑 노래하고

하얗게 피어 오르는 파도에
천년동굴 까맣게 패였다

칼바람 세월에 바위는 주름졌고
님 그리움은 골마다 서려있다

밤하늘 별빛에 그리움 걸어놓고
달빛따라 흘러가는 바위사랑 노래하네

나를 닮았어요

달님은 나를 닮았어요
님 곁에서 밤 새워
님 가시는 곳 어디든 함께가요

별님은 나를 닮았어요
님 가시는 곳마다
별 빛 따다 뿌려 놓아요

풀벌레는 나를 닮았어요
별 빛 켜놓은 채
밤새 님을 노래해요

나무가지 잎새는 나를 닮았어요
바람에 춤추며
애닳도록 노래해요

달님은 나를 닮았어요
보고싶은 그리움
하얀 가슴에 담고 밤을 지새워요

눈 사랑

그리워 밤을 하얗게 새웠더니
밤새 님의 사랑 소복히 쌓였네

온 들판에 하얀 사랑 깔아 놓고
겨울 나무가지에도 걸어놓았네

바람에 휘두르며 춤을 추니
하얀 카펫 위에 님의 발자욱

따스한 햇볕에 눈물이 되어도
대지는 님의 사랑 품고 산다오

가을 소리

나뭇잎 겨드랑이에
가을 손님 찾아왔네

산마루는 색동옷 입고
가을 빛 소리에 젖는다

채색옷 갈아입은 담쟁이
가을 바람에 춤추고

감나무 끝에 불그스레
수줍은 새색씨 얼굴

들녘의 볏자락은
가을 소리 황금빛 만찬

가을 산책

가을 하늘은 호수에 담고
호수위에 힌 구름 노닌다

가을 소리에 새들도 분주한데
파란 하늘에 물고기 한가로이 노닌다

푸른 청솔나무 위에는
노란 꽃갓이 씌웠네

눈부신 가을 햇살에
붉으스레 소망이 먼 산에 걸렸다

겨울 눈

어둡고 차가웠던 대지가
하얗게 옷을 벗었습니다

드러낸 고운 살결에
눈이 부셔옵니다

하얀 품안에 안긴 대지는
그리움이 녹아 내립니다

대지의 사랑은 하얀 살결위로
아지랭이 꽃을 피워 올리고

겨울대지는 님의 숨결을 마시며
눈 부신 사랑을 토해 냅니다

봄의 사랑

봄향기 가득 싣고 온 꽃 봉우리
향기로운 님의 사랑 흩날리고

굽이 굽이 흐르는 실개천에도
님의 사랑은 봄의 축제이다

대지위에 덮힌 하얀 눈꽃도
봄 맞을 사랑 그리워 눈물 흘리고

하얀 꽃깔 씌운 산 봉우리는
봄 처녀 시집 갈 채비를 한다

청아한 하늘위 하얀 구름은
곧 오실 님의 사랑 하늘에 노닐고

님 향한 그리움은 하늘 위에 떠있고
온 하늘에는 님의 사랑 뿐이다

님의 눈물

님이 흘리신 눈물은
메마른 대지를 적시는
환희의 샘물입니다

님이 보여주신 눈물은
내 영혼을 적시는
엘림의 오아시스입니다

님의 빛나는 눈물은
천년 묵은 동굴 속 어둠을
깨우는 찬란한 생명의 빛입니다

님의 뜨거운 눈물은
허물과 죄를 덮고
품으신 영원한 사랑입니다

성장

깊고 넓었던 강물이
작은 개천이어라

그렇게 높던 담장이
내 키만도 못하네

길고 넓기만 했던 다리가
몇 걸음 안되는 작은 다리다

웅장했던 초등학교 교정이
손바닥 만하게 보인다

높고 울창했던 뒷산이
단숨에 올라갈 야산이더라

세상이 작고 좁아 보였던 건
보아온 인생이 깊고 넓어졌음이라

신의 넓고 깊고 높은 사랑은
볼수록 삶의 폭도 따라가리

벤치의 사랑

밤새 포근했던 달빛 걷히고
숲속 새들이 기지개를 편다

잎새들 부딪치는 노래소리
아침햇살에 온 산록도 몸을 씻는다

산 마루 넘어가는 지친 아낙네
한숨 한 아름 내려 놓고 편히 쉬게하는 친구

온갖 힘겨운 삶을 다 토해내는 수다도
말없이 받아주는 넉살스런 친구

차가운 세월 옷 겹겹이 껴입고 와도
떼밀거나 돌아서는 법이 없다

조잘대는 새들이 시끄럽게 해도
찬바람 눈 비가 와도 불평하지 않는다

말없이 늘 빈 자리를 내어주는 친구
밤하늘엔 별빛 사랑 나누는 벤치

봄 옷자락

새둥지안에
봄 햇살이 살며시
내려오면
꽃송이 기지개 펴며
옷자락 펼친다

퇴색했던 마른 대지
푸른 옷자락
갈아입고
움추렸던 들판은
생기를 마신다

겨우내 시려웠던 발자욱
푸른 하늘 휘돌아 감고
밝은 태양 맞으며
희망의
봄 옷자락에 젖는다

봄의 기도

가장 높고 영화로운 곳에서
낮고 천한 곳으로 오셨아오니
겸손과 순종을 보게하소서

상하고 찢기신 성체로
나의 허물과 죄악을 사하셨아오니
의인됨을 보게하소서

주께서 채찍에 맞으므로
나음을 주셨사오니
병든 나의 몸위에 나음을 보게하소서

상하고 멍든 상처위에 기름 부으소서
위로와 긍휼을 베푸셨아오니
회복과 사랑을 나누게하소서

부요하신이가 가난하게 되시고
머리둘곳도 없으셨아오니
풍요로움에 연연하지 않고
이웃을 사랑하게 하소서

겨자씨

묶은 낙엽 속
긴 잠을 깨고
소망이 움튼다.

봄을 다시본다

겨우내 숨었던
작은 겨자씨
숨을 내 쉰다

부활을 본다

마른 가지마다
생기를 부으시니
화사한 봄이다

생명을 본다

무성한 푸른 숲
새들이 깃드니
풍요로운 은총이다

영원을 본다

김보현

성결대학교 및 신학대학원 졸업

단국대학교 대학원 졸업

성결대학교 사회복지대학원 졸업

San Francisco University & Seminary 졸업/D.C.E.

대한신학대학원대학교 졸업/Ph.D.

성결대, 총신대, 송호대, 명지대학교 외래교수 역임

부천대학교 외래교수

한국문인협회, 국제문학회 소속 시인

예성문학회 회장

예성 서울북지방회 회장 역임

사랑의교회 담임

시집『내 영혼의 아침』외 6권

가면

이중성을 가진 인격,
자신을 점점 파괴하게 한다
겉은,
기름진 것 같으나
썩어 가는 가슴으로 인해
모든 것을 잃는다

말짱하게 보이는 것 같은데
어쩌다
가면을 쓴 사람들,
매우 역겹게만 보여서
진실하게 다가갈 수 없음이
너무 슬플 뿐

친구인 줄 알았는데,
두 마음을 품은 모습이어서
안타까운 마음으로
진리만 만나기를 바랄 뿐.

그 한 사람을 만나

밝고 건강한 정신
맑고 청량한 마음을 가진 사람,
아침에 일어나면
이슬 맺힌 풀잎 같은
초롱한 눈망울을 띤 사람

세파에 흔들리지도 않고
가진 것으로도 충분히 행복하다며
나누면 더 기뻐하고,
손을 잡은 듯 춤과 노래로
남은 생애를 축복하는 사람

뭔가 조금 다른 것을 가진
빛나는 별처럼,
감출 것도 없고 허영심도 없는 사람

그 한 사람을 만나고 싶다
그 한 사람이 되고 싶다

바로 그 사람이라고 언제 말 하랴

그의 음성을 들으며

피조물 중 가장 심오한 것들인
삶과 인생 안에는,
많은 사연과 인연의 흔적들로
과거로 현재와 미래를 노래하며
온 기간을 정성 다해 기경한다

보이는 것과 보이지 않는 것으로
실타래를 풀어 옷감을 짜 듯,
묵묵히 주어진 길을 걷는 우리들

가다 지쳐 엉엉 울 때도 만나
극복하고 건너면
또 다시 넘어야 할 고개들,
살아온 저력으로 이기어 낸다

이것을 가능케 하는 것은,
하늘의 음성을 들으면서부터다

내 영혼의 가장 큰 보물이다
내 영혼의 가장 큰 에너지원이다.

내 영혼의 식탁

보이지 않는 것들로 인해
보이는 것들이 힘을 얻을 때는
진리를 만날 때다
경건한 자세를 유지하면,
신비한 것들이 이슬처럼 내린다

황량한 곳에 있어도
수도자의 자세를 잃지 않으면,
은총의 날개가 펴진다

영혼의 창고의 문이 열리면
입술로 나오는 노래는,
온 감각을 춤추게 한다

들리는 소리들,
소음과 하늘의 신호를 구분하여
남은 때를,
축제의 날로 이어가게 한다.

눈물의 강

이렇게 허무하게 그 강을 건너간
사랑하는 사람들,
인생무상이라는 게 실감난다

한번 가면 돌아올 수 없는 데
수많은 사연들을 놓고서
그렇게 건널 수 있는 것인가

나랑 나눌 얘기가 너무 많은데
미뤄온 내가 정말 바보다

벗이여,
하늘은 천국이 있다고 했으니
우리, 소망을 잃지 말고
그 나라에서는 꼭 만나
그리움 이기지 못해 흘린 눈물을
함께 닦세.

도전해 오는 것들

뜻하지 않는 것들로
도전해 오는 시험과 환란은
가장 큰 파괴자다

악마의 가장 큰 목표는
사람의 마음을 시리게 하고
사람들로 하여금 멀어지게 한다

이것을 이겨내기 위해서는
그 원인을 잘 알아야 하겠고
근원의 키를 찾아야 한다

영원한 것은 영원할 뿐,
당장의 해답을 몰라 몸부림하지만
파괴적인 것들을,
온 지혜와 저력으로 물리치자

모든 것은 시작과 끝이 있다.

동행

지금껏 살아 올 수 있었음은
당신의 따스한 입김으로
잘 단열된 건물과도 같이
지금까지도 흔들림이 없었습니다

당신의 존재를 인정하지 않았다면
허수아비 되어,
이미 사라졌을 것입니다
생명과도 같은 당신은,
내 영혼의 춤을 다 하는 날까지
지금의 모습으로 지키시며,
저를 지켜보시리라 믿습니다

비 바람이 불어온다 해도
당신의 곁에만 있어 준다면,
피난처가 되어 주신다는 것쯤은
이미 알고 있기에,
동행을 멈추지 않겠습니다.

마음의 기쁨

가장 기쁜 것은
내 마음이 진리의 밭에 있어
그 하나를 위하여
동행하고 있을 때다

사람답지 않는 모습이라면
너무 슬퍼
깊은 잠을 이룰 수 없고
밥맛을 잃어
영혼의 힘이 소진되면
삶의 의욕도 상실하게 한다

지금껏 살아온 것에서
수많은 것들을 학습하여
지금에 이르게 됨은,
어둠의 옷들을 벗어 버리면
기쁨이 충만함이
가장 큰 행복임을 알게 한다.

베스트 가이드

울음을 터트린 후부터
당신의 손길은,
지금에 이르도록 놓지 않은데
가끔,
길을 잃어 버리는 것은
그 자체를 잊는 것임을 알았습니다

고난의 터널을 지날 때에도
용기를 주셨고,
환란의 날을 맞이할 때에도
기운을 보내주셨습니다

여행지에서 만난 가이드 보다 더
섬세한 신호를 보내시어
머물 항구에 이르게 하셨습니다

지금, 영혼의 마당에 펼쳐진 것들은
보내주신 것들로,
자수(刺繡)로 작품을 잇듯
가슴 터지는 날을 누립니다.

별을 보며 꿈을 키워

찬 공기 불어오던 계절이 끝나고
봄꽃망울이 곧 터지는 기후임에도
그대의 얼굴엔,
혈색이 돌지 않고 벗지 못한 외투는
가슴시린 날을 보게 합니다

사뿐이 옮기지 못하는 발걸음은
사막을 걷는 것처럼 보이고
눈의 초점을 맞출 수가 없습니다

내가 그대의 손을 잡아 줄까요
온기를 보내어
따스한 마음으로 하늘을 보면서
반짝이는 별과 함께
꿈을 키워갈 수 있으면 좋겠어요.

복을 알리는 선견자들

복을 누리기 위해서는
그만한 댓가를 치러야 한다
이것이 전제되지 않는 것은
무임승차하는 것과 같고
기복신앙적인 태도일 뿐이다

꾀를 따르지 않을 것과
죄인들의 길에 서지 않고
오만한 자리에 앉지 않는 다면
시냇가에 심어진 나무가
많은 열매를 맺음과 같다

인간의 무지
죄악으로 인한 멸망

이것을 알리기 위해서
하늘은 수많은 선견자를 보낸다
그 외침을 듣고 실천하면
어둠의 영은 떠나고,
복을 누리는 은총을 누린다.

사랑의 강

사람으로 태어난 것은
사랑의 대상을 찾아
가슴에 담은 것들을 나누어
주어진 길을 동행하며,
평생을 서로 돕기 위해서다

사랑의 힘이 아니고서는
이해할 수 없는 것들이 많다
그러한 탓에,
사랑의 학교에서 항상 배우면서
남은 삶을 이어간다

세월을 흘려보낸 만큼
잘 다져진 땅과 같은 마음으로
후손들은 그 정신을 이어 가
사랑의 강위에서,
노래하며 춤추어야 한다

이 은총의 강을,
내가 건너지 않으면 누가 가랴

오늘의 감사

잘 알고 있는 것은
내일을 알 수 없다는 것이기에
그냥,
오늘 만난 것들로
감사한 마음을 갖습니다

온갖 시험과 시련들을 보냈고
수많은 병과도 싸워
지금에 이르렀으나,
언젠가는 병상에 누워서
목숨을 건 시간을 다툴 때
구걸을 하면서까지
온 기운을 쏟아야 함이
너무도 슬플 것 같아
지금 이 시간이 소중합니다

보고 만지고 느끼며,
감지할 수 있는 이것으로도
오늘이 너무 행복합니다
오늘이 너무 소중합니다.

이뤄져야 하는 꿈

사람에게만 있는 소망은
헛된 것이 아니라면,
거의가 이루어진다
그것이 이뤄져야 하는 것은
창조자께서,
부여하셨기 때문이다

꿈을 생각해 보면서
최선의 기도를 하면서
매일 조금이라도 전진하자

스쳐 가는 세월 속에서,
꿈을 있음이 얼마나 행복한가

주어진 환경을 통해서도
해야 할 것들은 무수하다
이것은 어제의 기도의 응답으로
더 큰 꿈을 꾸게 한다.

잠시 머물 영광

태양처럼 떠 오른 사람들,
수많은 일을 하면서
존경과 사랑을 받음으로
찬란한 생애로
큰 업적들을 남겼다

그럼에도,
냉혹한 비평가들로 인하여
숨길 수 없는 것들이 드러난다

그렇기에 인간은 경건을 따라
살아야 함을 선각자들은 요청했고
이런 사람들은,
더 크게 쓰임을 받아왔다

불완전하기에 창조자를 기억하여
그 앞에 나아가
의지하여 뜻을 물어야 한다

잠시 머물다 가는 인생이다.

진실

중요한 것 중의 하나는
사람의 평가를 받는 것이다

다시 만나도 싫증나지 않거나
보고픔과 그리움이 쌓이면
그 사람은 성공한 사람이요
행복을 누리는 사람이다

허영과 허세의 옷을 입고서
두 얼굴을 가진 자는,
진정한 벗이 될 수 없는 탓에
많이 가진 자 같아도
밤을 하얗게 보낼 때가 많다

진리를 만날 때에는 겸손하고
사랑을 만날 때는 정직하며,
벗을 만날 때는 진실해야 한다.

초대

수많은 세월을 보내면서
지금까지 이름을 기억하는 사람은
삶의 마당에
거룩하게 초대된 사람들이다

전화기에서 사라지지 않고
잘 저장되어 있음은
하늘이 보내주신 벗이다

그래서일까
시도 때도 없이 생각나면
안부 문자를 보낸다
나이를 많이 먹은 탓일까

당신을 알고 있음이
내게는 가장 아름다운 초대이며,
그 하나의 이유로 행복이다.

함께

삭막한 세상에
함께 할 벗이 있다는 게
이 얼마나 다행인가

갈망하는 게 없고
어떠한 즐거움도 누릴 수 없다면
함께 할 벗이 없어서다

건너야 할 강과 산을 넘어
환희의 춤을 춰
가슴터지는 노래를 함께 부를 벗은
헤브론의 아침에 맞이한
태양과도 같다

함께 할 벗 하나를 만나면
간직해 온 비밀을
영원의 아침까지 속삭이겠다.

그리움

삶의 연륜이 쌓여가면서
그리워하는 게 왜 그리 많은가

진리
사랑
사람

뭐 하나 버릴 게 없는 것은
위와 같은 것들로,
자신의 인품이 만들어 지면서
성숙을 해 왔기 때문이다

많은 친구가 있기도 하지만
모두가 벗은 아니어서일까
목마름이며 그리움이다

그래서일까
잘 익은 숙성된 옛 음식처럼,
자신을 그렇게 만듦은
그리움의 대상인지 몰라서다.

그리움의 조각

세월 따라 만나며 새겨지는 것들,
그것을 추억이라고 하고
마음의 인연이라고도 하면서
남은 날들을 소중히 한다

그냥 스쳐 지나는 것들이 많지만
잊어버리기에는 너무 아쉽다

이것이 모이고 쌓여진 마음 한 켠엔
진주만큼 보배로워져서,
그리움의 창고가 되어 가
마음의 휴식처이며 놀이터 되었다

잘 새겨진 아름다운 흔적들로
마치,
누에를 통해 명주를 만들어 내듯
그리움의 조각들을 어루만진다.

그의 음성을 들으며

초판 1쇄 인쇄 2022년 4월 20일
초판 1쇄 발행 2022년 4월 27일

지은이 용혜원 · 장종용 · 최경자 · 김민섭 · 김보현
펴낸이 황성연
펴낸곳 글샘출판사
등록번호 제 8-0856호
디자인 청우(열린유통 · 한문선)
주소 경기도 파주시 헤음로883번길 39-32
전화 031-947-7777
팩스 0505-365-0691

ISBN 978-89-91358-62-1 03230